Anton Pavlovitch Tchekhov

L'Ours

Texte et illustration de couverture : © domaine public
Edition : Culturea (Hérault, 34)
Contact : infos@culturea.fr
Retrouvez notre catalogue sur http://culturea.fr
Imprimé en Allemagne par Books on Demand
Design typographique : Derek Murphy
Layout : Reedsy (https://reedsy.com/)

Dépôt légal : janvier 2023

ISBN : 9791041919116

Table des matières

PERSONNAGES

ELÈNA IVANOVNA POPOVA, jeune veuve, avec des fossettes aux joues ; propriétaire.

GRIGORI STEPANOVITCH SMIRNOV, propriétaire, pas vieux.

LOUKA, valet de chambre de Mme Popova, homme âgé.

Scène première

Un salon dans la maison de campagne de Mme Popova.

MME POPOVA, *en grand deuil, ne quittant pas des yeux une photographie, et* LOUKA

LOUKA. – Ce n'est pas bien, maîtresse. Vous vous perdez, voilà tout... La femme de chambre et la cuisinière sont allées ramasser des baies ; chaque créature se réjouit ; la chatte même comprend le bonheur : elle se promène et attrape des oiseaux ; et vous êtes toute la journée enfermée dans une chambre comme dans un couvent, sans prendre le moindre plaisir... Oui, c'est la vérité ! Comptons bien : il y a plus d'un an que vous n'êtes pas sortie de la maison...

MME POPOVA. – Et je n'en sortirai jamais... Pour quoi faire ? Ma vie est finie... Il est dans la tombe ; moi, je me suis enterrée entre quatre murs... Nous sommes morts tous les deux.

LOUKA. – En voilà une idée ! Ce n'est pas à entendre, vraiment ! Nicolaï Mikhaïlovitch est mort ; il n'y a pas à sortir de là : c'est la volonté de Dieu ; que Dieu ait son âme !... Vous vous êtes affligée... cela suffit ; il ne faut pas abuser... On ne peut pas pleurer et porter le deuil tout un siècle. Moi aussi, en son temps, ma femme est morte... Eh bien ! je me suis affligé ; j'ai pleuré un mois, et cela a suffi pour elle. Mais gémir toute une vie, ma vieille ne valait pas cela. (*Soupirant.*) Vous avez oublié tous vos voisins... Vous n'allez pas chez eux et défendez qu'on les reçoive ; nous vivons, excusez-moi, comme des araignées ; nous ne voyons pas la lumière du jour. Les souris ont mangé ma livrée... S'il n'y avait pas de braves gens, passe !... mais le district est plein de messieurs... Il y a un régiment à Ryblov. Les offi-

ciers sont de vrais bonbons ; on ne se lasse pas de les regarder !
Et au camp, chaque vendredi, il y a bal. Et presque chaque jour,
la musique militaire… Eh ! maîtresse, petite mère ! jeune, belle
comme vous l'êtes, du lait et du sang, vous n'avez qu'à vous laisser vivre à votre plaisir… La beauté n'est pas donnée pour toujours. Qu'il passe dix ans, vous voudrez faire le paon et éblouir
les officiers ; mais il sera trop tard.

MME POPOVA, *péremptoirement*. – Je te prie de ne jamais me parler de cela ! Tu sais que, depuis que Nicolaï Mikhaïlovitch est mort, la vie a perdu pour moi tout son prix. Il te
semble que je vis ; mais ce n'est qu'en apparence. J'ai fait le
serment de ne jamais quitter ce deuil, et de ne pas voir le monde
jusqu'à ma tombe… Tu entends !… Que son ombre voie comme
je l'aime… Oui, je le sais – pour toi ce n'est pas un mystère –, il
fut souvent injuste envers moi, cruel… même infidèle… Je ne lui
en serai pas moins fidèle jusqu'au tombeau. Et je lui prouverai
que je sais aimer… Là-bas, de l'autre côté de la fosse, il me verra
telle que j'étais avant sa mort…

LOUKA. – Au lieu de dire ça, vous feriez mieux de vous
promener au jardin, ou d'ordonner qu'on attelle Toby ou Le
Géant, pour aller en visite chez les voisins…

MME POPOVA. – Ah !

Elle pleure.

LOUKA. – Maîtresse… Petite mère !… Qu'avez-vous ? Que
le Christ soit avec vous !

MME POPOVA. – Il aimait tant Toby !… Il le montait toujours pour aller chez les Kortchaguine et les Vlassov. Comme il
conduisait bien ! Que de grâce il y avait dans sa personne,
quand, de toutes ses forces, il tirait les guides ! Te rappelles-
tu ?… Toby, Toby ! Dis qu'on lui donne aujourd'hui une mesure
d'avoine supplémentaire.

LOUKA. – Bien, madame.

Brusque coup de sonnette.

MME POPOVA, *tressaillant.* – Qu'est-ce ? Dis que je ne re-çois personne.

LOUKA. – Bien, madame.

Il sort.

Scène II

MME POPOVA, *seule*

MME POPOVA, *regardant une photographie.* – Tu verras, *Nicolas*[1], comme je sais aimer et pardonner... Mon amour ne s'éteindra qu'avec ma vie, quand mon pauvre cœur cessera de battre... (*Elle rit en pleurant.*) Et tu n'as pas honte ! Je suis sage ; je me suis mise sous clef et te serai fidèle jusqu'au tombeau ; et toi...Tu n'as pas honte, mon gros ? Tu m'as trompée ; tu m'as fait des scènes, tu me laissais toute seule...des semaines entières...

---

[1] En français. (N.d.T.)

Scène III

MME POPOVA, LOUKA

LOUKA, *il entre, agité*. – Madame, il y a là quelqu'un qui vous demande. Il veut vous voir.

MME POPOVA. – Mais tu as dit que depuis la mort de mon mari je ne recevais personne ?

LOUKA. – Je l'ai dit, mais il ne veut rien entendre ; il dit que c'est une affaire très urgente.

MME POPOVA. – Je-ne-re-çois-pas !

LOUKA. – Je le lui ai dit, mais... c'est un vrai diable... Il jure et file tout droit dans les chambres ; il est déjà dans la salle à manger.

MME POPOVA, *irritée*. – Bien ; fais-le entrer... Comme ils sont grossiers !

Louka sort.

Que ces gens sont assommants ! Que veulent-ils de moi ? Pourquoi troublent-ils mon repos ? (*Elle soupire.*) Non, il faudra évidemment que je me retire dans un couvent... (*Elle songe.*) Oui, dans un couvent...

Scène IV

MME POPOVA, LOUKA, SMIRNOV

SMIRNOV, *à Louka, en entrant.* – Butor, tu aimes trop à parler...âne ! (*Avec dignité, voyant Mme Popova.*) Madame, j'ai l'honneur de me présenter : lieutenant d'artillerie en retraite Grigori Stepanovitch Smirnov. Je suis contraint de vous déranger pour une affaire très sérieuse...

MME POPOVA, *sans lui tendre la main.* – Que désirez-vous ?

SMIRNOV. – Feu votre mari, que j'ai eu l'honneur de connaître, est resté me devoir douze cents roubles en deux billets. Comme je dois payer demain des intérêts à la Banque territoriale, je vous prierai, madame, de me donner cet argent aujourd'hui même.

MME POPOVA. – Douze cents roubles...Et pourquoi mon mari vous les devait-il ?

SMIRNOV. – Pour un achat d'avoine.

MME POPOVA, *soupirant, à Louka.* – N'oublie pas, Louka, d'ordonner qu'on donne à Toby une mesure d'avoine supplémentaire. (*Louka sort.*) Si Nicolaï Mikhaïlovitch vous doit, il va de soi que je vous paierai, mais, excusez-moi, s'il vous plaît ; aujourd'hui, je n'ai pas d'argent disponible. Après-demain, mon intendant reviendra de la ville ; je lui ordonnerai de vous payer ce qui est dû ; pour l'instant, je ne puis satisfaire votre désir...Il y a exactement sept mois aujourd'hui que mon mari est mort et je ne suis pas du tout en état de m'occuper d'affaires d'argent.

SMIRNOV. – Et moi, je suis en état de faire le saut demain, si je ne paie pas les intérêts ! On saisira ma terre.

MME POPOVA. – Après-demain, vous aurez votre argent.

SMIRNOV. – J'ai besoin d'argent aujourd'hui, et non après-demain.

MME POPOVA. – Excusez-moi ; aujourd'hui, je ne puis vous payer.

SMIRNOV. – Et moi, je ne puis pas attendre jusqu'après-demain.

MME POPOVA. – Que faire, si je n'ai rien à présent !

SMIRNOV. – Vous ne pouvez pas payer ?

MME POPOVA. – Je ne peux pas...

SMIRNOV. – C'est votre dernier mot ?

MME POPOVA. – Le dernier.

SMIRNOV. – Absolument ? le dernier ?

MME POPOVA. – Absolument.

SMIRNOV. – Grand merci ! J'en prends note. (*Il lève les épaules.*) Et ils veulent que je sois de sang-froid !...Je rencontre à l'instant le receveur de l'accise qui me demande : « De quoi êtes-vous toujours fâché, Grigori Stepanovitch ? » Pardon, comment ne pas me fâcher ! J'ai un besoin d'argent à m'ouvrir la gorge... Je suis parti hier matin dès l'aube ; j'ai couru chez tous mes débiteurs : aucun ne m'a payé. Je suis fourbu comme un chien ; j'ai couché le diable sait où, dans un relais juif, près d'un tonneau d'eau-de-vie... Enfin j'arrive ici, à soixante-dix verstes de ma demeure, espérant toucher ; et on me régale d'états d'esprit et de dispositions ! Comment ne pas me fâcher ?

MME POPOVA. – J'ai dit clairement, il me semble, que, dès que mon intendant rentrera, vous serez payé.

SMIRNOV. – Je ne suis pas venu trouver votre intendant, mais vous ! Quel diable – excusez l'expression ! – est pour moi votre intendant ?

MME POPOVA. – Excusez, monsieur, je ne suis pas habituée à ces expressions étranges, à ce ton... Je ne vous écoute plus.

Elle sort rapidement.

Scène V

SMIRNOV, *seul*

SMIRNOV. – Voyez un peu ! Son état d'esprit ! Sept mois que son mari est mort !... Mais moi, dois-je payer les intérêts, oui ou non ? Je vous le demande : dois-je payer les intérêts ?... Bon, votre mari est mort ; votre état d'esprit, et toute sorte de tours de passe-passe...L'intendant est parti on ne sait où. Que le diable l'emporte. Que dois-je faire ? M'envoler en ballon pour éviter mes créanciers ? Ou bien prendre mon élan et me flanquer la tête contre un mur ? J'arrive chez Grouzdev ; il n'y est pas. Iarochenko s'est caché. Je me dispute à mort avec Kouritsine, et peu s'en est fallu que je ne le jette par la fenêtre. Mazoutov a la cholérine. Celle-là a un état d'esprit ! Aucune canaille ne paie ! C'est parce que je les ai trop gâtés, tous, et que je suis un tonton, une chiffe, une femelle !...Je suis trop délicat avec eux ! Mais attendez ! Vous me connaîtrez ! Je ne permettrai pas qu'on se moque de moi, que diable ! Je reste et resterai ici jusqu'à ce qu'elle me paie ! Brrr !... Comme je suis furieux aujourd'hui ! Comme je suis furieux ! De colère, toutes mes artères tremblent ; et la respiration me manque. Mon Dieu, je me trouve même mal ! (*Il crie.*) Quelqu'un !

Scène VI

SMIRNOV *et* LOUKA

LOUKA, *entrant.* – Que désirez-vous ?

SMIRNOV. – Donne-moi de l'eau ou du kvas. (*Louka sort.*) Non, quelle logique ! On a besoin d'argent à s'en couper la gorge ; à se pendre ; et elle ne paie pas, parce que, voyez-vous, elle n'est pas disposée à s'occuper d'affaires d'argent !... Vraie logique de femme ; vraie logique de tournure[2] ! Voilà pourquoi je n'ai jamais aimé, et n'aime pas à parler avec les femmes. Il vaut mieux être assis sur un baril de poudre que de parler à une femme. Brrr !... La chair de poule me court dans le dos, tellement cette robe à traîne m'a mis en colère ! Il me suffit d'apercevoir au loin une créature poétique pour que les crampes me prennent dans les mollets. C'est à crier à la garde !

---

[2] C'était l'époque où les femmes portaient des tournures, sortes de bouffants élastiques attachés sous les robes, au-dessous des reins. (N.d.T.)

Scène VII

SMIRNOV *et* LOUKA

LOUKA, *il entre et présente de l'eau.* – Madame est malade et ne reçoit pas.

SMIRNOV. – Sors !

Louka se retire.

SMIRNOV. – Elle est malade et ne reçoit pas ! C'est bien ; ne me reçois pas !...Je resterai ici jusqu'à ce que tu me donnes mon argent. Si tu es malade une semaine, je resterai une semaine ; si tu es malade un an, je resterai un an. Je recevrai ce qui m'est dû, la petite mère ! Tu ne m'attendriras pas par ton deuil et tes fossettes ! Nous les connaissons, ces fossettes ! (*Il crie par la fenêtre.*) Sémione, dételle ; nous ne partirons pas de si tôt ! Je reste ici ! Dis à l'écurie qu'on donne de l'avoine aux chevaux ! Animal, le bricolier de gauche s'est empêtré dans les guides ! (*Il contrefait son cocher.*) « Ce n'est rien !...» Je t'en donnerai du rien... (*Il s'éloigne de la fenêtre.*) Ça va mal...La chaleur est insupportable ; personne ne me paie ; j'ai mal dormi la nuit, et ici cette traîne de deuil avec son état d'esprit !...J'ai mal à la tête. Faut-il boire de la vodka ? Ma foi, je vais en boire. (*Il appelle.*) Quelqu'un !

Louka entre.

LOUKA. – Que désirez-vous ?

SMIRNOV. – Sers-moi un verre de vodka.

Louka sort.

SMIRNOV. – Ouf ! (*Il s'assied et s'examine.*) Il n'y a pas à dire, j'ai une jolie figure ! Couvert de poussière ; des bottines sales ; pas lavé ; pas coiffé ; sur mon gilet de la paille...La petite dame m'a sans doute pris pour un brigand. (*Il bâille.*) Ce n'est guère poli de se montrer dans un salon sous un pareil aspect, mais qu'importe !...Je ne suis pas un invité, mais un créancier. Pour les créanciers, il n'y a pas de tenue obligatoire...

LOUKA, *entrant et présentant l'eau-de-vie.* – Vous vous permettez beaucoup de choses, monsieur...

SMIRNOV, *en colère.* – Que dis-tu ?

LOUKA. – Moi...rien, personnellement...je...

SMIRNOV. – Avec qui parles-tu ? Tais-toi !

LOUKA, *à part.* – Quel diable nous est tombé de la lune ?... Quel démon l'a amené ici ?...

Il sort.

SMIRNOV. – Ah ! comme je suis en colère ! Je suis si en colère que je réduirais en poudre, il me semble, tout l'univers !... Je me trouve même mal...(*Il appelle.*) Quelqu'un !

Scène VIII

MME POPOVA, SMIRNOV

MME POPOVA, *elle entre en baissant les yeux*. – Monsieur, dans ma solitude je me suis depuis longtemps déshabituée de la voix humaine et je ne supporte pas les cris ; je vous prie instamment de ne pas troubler mon repos.

SMIRNOV. – Donnez-moi mon argent et je partirai.

MME POPOVA. – Je vous ai dit, en langue russe, que je n'en avais pas de disponible pour l'instant ; attendez jusqu'après-demain.

SMIRNOV. – J'ai eu aussi l'honneur de vous dire, en langue russe, que j'avais besoin d'argent aujourd'hui, et pas après-demain ; si vous ne me payez pas aujourd'hui, demain je serai obligé de me pendre.

MME POPOVA. – Mais que faire, si je n'ai pas d'argent ?... Comme c'est étrange !...

SMIRNOV. – Alors vous ne me paierez pas sur-le-champ ? Non ?

MME POPOVA. – Je ne peux pas...

SMIRNOV. – En ce cas je reste ici, jusqu'à ce que je touche... (*Il s'assied.*) Vous ne paierez qu'après-demain ? Fort bien ! Jusqu'après-demain, je resterai comme cela. Voilà... (*Il bondit.*) Je vous le demande : dois-je, oui ou non, payer demain des intérêts ?...Ou pensez-vous que je plaisante ?

MME POPOVA. – Monsieur, je vous prie de ne pas crier ! Vous n'êtes pas dans une écurie !

SMIRNOV. – Je ne vous parle pas d'écurie, mais de ceci : dois-je, oui ou non, payer demain des intérêts ?...

MME POPOVA. – Vous ne savez pas vous tenir en société féminine !

SMIRNOV. – Bien sûr que si !

MME POPOVA. – Non, vous ne savez pas ! Vous êtes un homme mal élevé, grossier ! Les gens comme il faut ne parlent pas ainsi aux femmes !

SMIRNOV. – Ah ! l'étonnante chose ! Comment voulez-vous qu'on vous parle ? En français ?... (*Il se fâche et zézaie.*) *Madame, jé vous pri*[3]... Comme je suis heureux que vous ne me rendiez pas mon argent...Ah ! *pardon*[4] de vous avoir dérangée ! Quel temps magnifique aujourd'hui. Et ce deuil vous va si bien !

Il s'incline et joint les talons.

MME POPOVA. – Ce n'est pas spirituel, et c'est grossier.

SMIRNOV, *la contrefaisant.* – Pas spirituel et grossier ! Je ne sais pas me tenir en société féminine ! Madame, dans ma vie, j'ai vu bien plus de femmes que vous n'avez vu de moineaux ! Je me suis battu trois fois en duel pour des femmes ; j'ai quitté douze femmes ; neuf autres m'ont lâché. Oui ! Il fut un temps où j'étais stupide ; j'étais sucré comme du miel, doux comme du lait d'amandes ; je me déroulais comme des perles ; je joignais les talons...J'aimais ; je souffrais ; je soupirais sous la lune ; je me liquéfiais ; je fondais ; je devenais glacé...J'aimais passion-

_____

[3] En français mal prononcé dans le texte. (N.d.T.)

[4] *Id.*

nément, avec rage, de toutes les manières, que le diable m'emporte !... Je parlais comme une pie de l'émancipation des femmes ; les sentiments tendres m'ont coûté la moitié de ma fortune. Mais maintenant, votre humble serviteur ! Maintenant, on ne me trompera pas ! Suffit ! Yeux noirs, yeux passionnés, lèvres rouges, fossettes aux joues, lune, « murmure, respiration craintive[5] », pour tout cela, madame, je ne donnerai pas désormais un rouge liard ! Exception pour les personnes présentes, mais toutes les femmes, petites ou grandes, sont des mijaurées, des maniérées, des cancanières, haineuses, menteuses jusqu'à la moelle des os, frivoles, mesquines, sans pitié, d'une logique révoltante et, en ce qui concerne cela (*il se touche le front*), pardonnez ma sincérité : un quelconque moineau peut rendre des points à une philosophe en jupons ! Regardez une créature poétique ; c'est de la mousseline, de l'éther, une demi-déesse, un million d'enchantements ; mais jetez un coup d'œil dans son âme...c'est un crocodile ordinaire ! (*Il prend une chaise par le dossier ; le dossier craque et se casse.*) Et le plus révoltant, c'est que ce crocodile s'imagine que son chef-d'œuvre, son privilège et son monopole, ce sont les sentiments tendres ! Mais que le diable me prenne tout entier et que l'on me pende à ce clou les pieds en l'air, est-ce qu'une femme sait aimer qui que ce soit, hormis les petits chiens ?...En amour, elle ne sait que pleurer et se lamenter. Où l'homme souffre et se sacrifie, son amour à elle ne se traduit qu'en ce qu'elle joue de sa traîne et tâche de nous prendre très fort par le nez. Vous avez le malheur d'être femme ; vous connaissez par vous-même la nature féminine : dites-moi, en conscience, si vous avez vu dans votre vie une femme qui soit sincère, fidèle et constante ?... Vous n'en avez pas vu ?...Seules sont fidèles et constantes les vieilles femmes, et les monstres ! Vous rencontrerez plutôt une chatte à cornes ou une bécasse blanche qu'une femme constante !

---

[5] Début d'un poème de A. Fet.

MME POPOVA. – Permettez ! Qui donc, selon vous, est fidèle et constant en amour ? Ce ne sont pas les hommes ?

SMIRNOV. – Si, madame, les hommes !

MME POPOVA. – Les hommes ! (*Avec un rire méchant.*) L'homme est fidèle et constant en amour ?...Dites, en voilà du nouveau !...(*Avec feu.*) Et quel droit avez-vous de dire cela ? Les hommes sont fidèles et constants !...Si on en vient là, je vous dirai que de tous les hommes que je connais et connaissais, le meilleur était mon mari...Je l'aimais passionnément, de toute mon âme, comme seulement peut aimer une femme jeune et sérieuse. Je lui ai donné toute ma jeunesse, mon bonheur, ma vie, ma fortune ; je ne vivais que pour lui. Je l'adorais comme fait une païenne, et...et quoi ?...Ce meilleur des hommes me trompait de la manière la plus odieuse à chaque pas ! Après sa mort, j'ai trouvé dans sa table un tiroir plein de lettres d'amour ; et, de son vivant, c'est affreux de s'en souvenir, il me laissait seule des semaines entières. Il faisait la cour aux autres femmes sous mes yeux et me trompait. Il dépensait mon argent, se moquait de mon amour...Et malgré tout cela, je l'aimais !...Je lui étais fidèle...Il est mort...je lui suis encore fidèle et constante. Je me suis enterrée pour toujours entre quatre murs et ne quitterai plus ce deuil jusqu'à ma mort...

SMIRNOV, *avec un rire méprisant.* – Le deuil !...Je ne me rends pas compte pour qui vous me prenez ! Comme si je ne savais pas pourquoi vous portez ce domino noir et vous êtes enterrée entre quatre murs ! Parbleu, oui ! C'est si mystérieux ! si poétique ! Vienne à passer par ici un aspirant-officier, ou un poète courtaud, il regardera les fenêtres et pensera : « Ici demeure la mystérieuse Tamara, qui, par amour pour son mari, s'est enterrée entre quatre murs ! » Nous connaissons ces manières-là !...

MME POPOVA, *avec emportement.* – Quoi ?...Comment osez-vous me dire tout cela ?

SMIRNOV. – Vous vous enterrez vivante, mais vous n'oubliez pas de vous poudrer !

MME POPOVA. – Comment osez-vous me dire cela ?

SMIRNOV. – Ne criez pas ; je ne suis pas votre intendant ! Permettez-moi d'appeler les choses par leur nom. Je ne suis pas une femme, et j'ai l'habitude de dire mon avis, tout droit ; veuillez ne pas crier !

MME POPOVA. – Je ne crie pas ; c'est vous qui criez ! Veuillez me laisser en paix !

SMIRNOV. – Donnez-moi mon argent, et je m'en vais.

MME POPOVA. – Je ne vous donnerai pas d'argent !

SMIRNOV. – Si, madame, vous m'en donnerez !

MME POPOVA. – Je ferai exprès de ne pas vous en donner ; vous n'aurez pas un kopeck ! Vous pouvez me laisser la paix !

SMIRNOV. – Je n'ai pas le plaisir d'être votre époux ou votre fiancé ; ne me faites pas de scènes. (*Il s'assied.*) Je n'aime pas cela.

MME POPOVA, *étouffant de rage.* – vous vous êtes assis !

SMIRNOV. – Oui.

MME POPOVA. – Je vous prie de partir !

SMIRNOV. – Donnez-moi mon argent... (*À part.*) Que je suis en colère ! que je suis en colère !

MME POPOVA. – Je n'ai pas envie de tenir conversation avec des insolents ; allez-vous-en ! (*Une pause.*) Vous ne vous en irez pas ? Non ?

SMIRNOV. – Non.

MME POPOVA. – Non ?

SMIRNOV. – Non !

MME POPOVA. – Très bien.

Elle sonne.

Scène IX

LES MÊMES, LOUKA

MME POPOVA. – Louka, fais sortir ce monsieur !

LOUKA, *s'approchant de Smirnov*. – Monsieur, veuillez vous en aller, quand on l'exige ! Rien à faire...

SMIRNOV, *bondissant*. – Tais-toi ! À qui parles-tu ? Je vais faire de toi une salade !

LOUKA, *portant la main à son cœur*. – Ah ! tous les saints !... Saints aimés de Dieu !... (*Il s'affale dans un fauteuil.*) Oh ! je me sens mal ! je me sens mal ! J'ai la respiration coupée.

MME POPOVA. – Où est Dacha ! Dacha ? (*Elle crie.*) Dacha ! Pélaguéïa ! Dacha !

Elle sort.

LOUKA. – Toutes sont allées chercher des baies... Il n'y a personne à la maison... Je me sens mal... De l'eau !

MME POPOVA. – Veuillez vous en aller !

SMIRNOV. – Soyez plus polie.

MME POPOVA, *serrant les poings et trépignant*. – Vous êtes un moujik ! Un ours grossier ! Un officier de fortune. *Un monstre*[6].

---

[6] En français dans le texte. (N.d.T.)

SMIRNOV. – Comment ! Qu'avez-vous dit ?

MME POPOVA. – J'ai dit que vous étiez un ours, un monstre !

SMIRNOV, *marchant vers elle.* – Permettez ? Quel droit avez-vous de m'insulter ?

MME POPOVA. – Oui, je vous insulte ! Et après ? Vous pensez que j'ai peur de vous ?

SMIRNOV. – Et vous pensez que, parce que vous êtes une créature poétique, vous pouvez insulter les gens impunément ? Oui ? Sur le pré[7] !

LOUKA. Tous les saints !... Saints aimés de Dieu !... De l'eau !

SMIRNOV. – Au pistolet !

MME POPOVA. – Parce que vous avez de bons poings et un gosier de bœuf, vous croyez que je vous crains ? Quel butor vous êtes !

SMIRNOV. – Sur le pré ! Je ne permettrai à personne de m'insulter, bien que vous soyez une femme, une faible créature !

MME POPOVA, *tâchant de crier plus fort.* – Ours ! Ours ! Ours !

---

[7] Mot à mot : « À la barrière ! » Cette expression prise du français, et légèrement transposée, semble venir des combats en champ clos « fermé de barrières » des anciens duels judiciaires. Dans les duels au pistolet en Russie, la « barrière » indique les distances marquées, que les duellistes ne peuvent pas dépasser pour tirer l'un sur l'autre. (N.d.T.)

SMIRNOV. – Il est temps de se défaire enfin des préjugés que, seuls, les hommes doivent rendre compte de leurs injures. L'égalité est l'égalité, que diable ! Sur le pré !

MME POPOVA. – Vous voulez vous battre au pistolet ? À vos ordres !

SMIRNOV. – À l'instant même !

MME POPOVA. – À l'instant même ! Mon mari a laissé des pistolets... Je les apporte à l'instant... (*Elle sort rapidement et reparaît.*) Avec quelles délices je planterai une balle dans votre front d'airain ! Que le diable vous emporte !

Elle sort.

SMIRNOV. – Je la tuerai comme un poussin ! Je ne suis pas un gamin, un blanc-bec sentimental ; pour moi, les faibles créatures n'existent pas !

LOUKA, *se mettant à genoux.* – Petit père, fais-moi cette grâce ; épargne-moi, vieillard que je suis ; va-t'en d'ici ! Tu m'as fait peur à en mourir, et encore tu t'apprêtes à te battre...

SMIRNOV, *sans l'écouter.* – Se battre, voilà ce qui est de l'égalité, de l'émancipation ! Ici les deux sexes sont égaux ! Je la tuerai par principe ! Mais quelle femme ! (*Il la contrefait.*) « Que le diable vous emporte ! Je planterai une balle dans votre front d'airain...» Hein !... Elle est devenue rose, ses yeux brillent... Elle a accepté ma provocation... Ma parole d'honneur, c'est la première fois de ma vie que j'en vois une pareille !...

LOUKA. – Petit père, va-t'en ! Je prierai éternellement Dieu pour toi !

SMIRNOV. – Ça, c'est une femme ! Je comprends ça ! Une vraie femme !...ce n'est pas une mollasse, une chiffe ; mais du feu, de la poudre, une fusée ! Il est même dommage de la tuer !

LOUKA, *pleurant.* – Petit père...mon cœur...va-t'en !

SMIRNOV. – Positivement, elle me plaît ! Positivement !...
Malgré ses fossettes aux joues, elle me plaît. Je suis même prêt à
lui passer ma dette... ma colère est envolée... C'est une femme
étonnante !

Scène X

LES MÊMES, MME POPOVA

MME POPOVA, *entrant avec les pistolets.* – Voici les pistolets… Mais avant que nous nous battions, vous voudrez bien me montrer comment il faut tirer ; je n'ai de ma vie tenu une arme.

LOUKA. – Que Dieu nous protège et nous sauve !…Je vais chercher le jardinier et le cocher… D'où nous est tombé ce fléau ?…

Il sort.

SMIRNOV, *examinant les pistolets.* – Voyez-vous, il existe plusieurs sortes de pistolets… Il y a, pour le duel, des pistolets spéciaux, à capsules, de Mortimer. Et vous avez là des pistolets du système Smith et Wesson, à triple action, avec extracteur et percussion centrale…Des pistolets magnifiques !…La paire vaut au moins quatre-vingt-dix roubles…Il faut tenir le pistolet ainsi… (*À part.*) Quels yeux, quels yeux ! C'est une femme incendiaire !

MME POPOVA. – Comme cela ?

SMIRNOV. – Oui, comme cela…Puis vous levez le chien… Vous visez ainsi…La tête un peu en arrière ! Étendez le bras comme il faut…Voilà…Puis, de ce doigt, vous appuyez sur cette machine, et c'est tout. Seulement, la règle principale est de ne pas s'agiter, et de viser sans se presser…Il faut que la main ne tremble pas.

MME POPOVA. – Bien…Toutefois il n'est pas commode de se battre dans des chambres ; allons au jardin.

SMIRNOV. – Allons-y. Mais je vous préviens que je tirerai en l'air.

MME POPOVA. – Il ne manquait plus que cela ! Pourquoi ?

SMIRNOV. – Parce que…parce que…C'est mon affaire !…

MME POPOVA. – Vous avez peur ? Oui ? Aha ! Non, monsieur, ne vous dérobez pas ! Veuillez me suivre ! Je ne me calmerai pas avant d'avoir percé ce front que je déteste tant ! Vous avez peur ?

SMIRNOV. – Oui, j'ai peur.

MME POPOVA. – Vous mentez ! Pourquoi ne voulez-vous pas vous battre ?

SMIRNOV. – Parce que…parce que vous…me plaisez…

MME POPOVA, *avec un rire méchant.* – Je lui plais ! Il ose me dire que je lui plais ! (*Lui montrant la porte.*) Vous pouvez…

SMIRNOV, *il pose en silence le pistolet, prend sa casquette et s'en va. Il s'arrête devant la porte. Tous deux se taisent une demi-minute, et se regardent. Puis Smirnov s'approche irrésolument de Mᵐᵉ Popova.* – Écoutez… Vous êtes toujours fâchée ?…Je suis furieux aussi comme le diable, mais comprenez… comment m'exprimer ?… Le fait est, voyez-vous, qu'une histoire de ce genre est, à proprement parler… (*Il crie.*) Eh bien ! oui, est-ce ma faute si vous me plaisez ? (*Il prend une chaise par le dossier ; la chaise craque et se casse.*) Diable, quel meuble fragile vous avez ! Vous me plaisez ! Vous comprenez ? Je…je suis presque amoureux !…

MME POPOVA. – Éloignez-vous de moi – je vous déteste !

SMIRNOV. – Dieu, quelle femme ! Je n'ai jamais vu de ma vie rien de pareil ! Je suis perdu ! Je péris ! Je suis tombé comme une souris dans une souricière !

MME POPOVA. – Éloignez-vous, ou je vais tirer !

SMIRNOV. – Tirez ! Vous ne pouvez comprendre quel bonheur j'aurai de mourir sous des yeux aussi beaux, de mourir par le pistolet que tient cette main de velours... Je suis fou !... Pensez et décidez tout de suite, parce que, si je m'en vais d'ici, nous ne nous reverrons plus jamais ! Décidez !... Je suis gentilhomme, honnête homme, j'ai dix mille roubles de revenu... j'atteins avec une balle un kopeck lancé en l'air... j'ai d'excellents chevaux... Voulez-vous être ma femme ?

MME POPOVA, *indignée, le menaçant du pistolet.* – Il faut nous battre ! Sur le pré !

SMIRNOV. – Je suis fou... Je ne comprends rien. (*Il crie.*) Quelqu'un ! De l'eau !

MME POPOVA, *criant.* – Sur le pré !

SMIRNOV. – Je suis fou, je suis amoureux comme un gamin, comme un imbécile ! (*Il lui prend la main ; elle crie de douleur.*) Je vous aime ! (*Il se met à genoux.*) J'aime comme je n'ai jamais aimé ! J'ai quitté douze femmes ; neuf m'ont lâché ; mais je n'ai aimé aucune d'elles comme je vous aime... Je suis flapi, à sec, ramolli... Je suis à genoux comme un imbécile, et j'offre ma main... Honte, turpitude ! Il y a cinq ans que je n'ai été amoureux ; j'ai fait le serment de ne plus l'être ; et tout d'un coup, je vais me planter comme une flèche d'équipage dans le carrosse d'autrui ! Je vous offre ma main. Répondez, oui ou non ? Vous ne voulez pas ? N'en parlons plus !

Il se lève et va à grands pas vers la porte.

MME POPOVA. – Attendez !

SMIRNOV, *s'arrêtant.* – Eh bien ?

MME POPOVA. – Rien, partez… Restez !… Non ! partez, partez ! Je vous déteste ! Ou plutôt non… Ne vous en allez pas ! Ah ! si vous saviez comme je suis en colère, comme je suis en colère ! (*Elle jette le pistolet sur la table.*) J'ai les doigts engourdis par cette horreur… (*De colère, elle déchire son mouchoir.*) Pourquoi restez-vous ? Déguerpissez !

SMIRNOV. – Adieu.

MME POPOVA. – Oui, oui, partez !… (*Criant.*) Où allez-vous ? Attendez… Allez-vous-en tout de même. Ah ! que je suis en colère ! N'approchez pas ; n'approchez pas !

SMIRNOV, *s'approchant d'elle.* – Comme je suis furieux après moi ! Je suis amoureux comme un lycéen ; je me suis mis à genoux… J'en ai la chair de poule. (*Brutalement.*) Je vous aime ! J'avais bien besoin de tomber amoureux de vous ! Demain, il faut payer les intérêts ; on a commencé à faire les foins, et vous venez… (*Il la prend par la taille.*) Je ne me pardonnerai jamais cela…

MME POPOVA. – Sur le pré ! À bas les mains ! Je vous déteste… Arrière !

Baiser prolongé.

Scène XI

LES MÊMES ; LOUKA *avec une hache,* LE JARDINIER *avec un râteau,* LE COCHER *avec une fourche et* DES OUVRIERS *avec des pieux*

LOUKA, *voyant le couple qui s'embrasse.* – Tous les saints !

Un silence.

MME POPOVA, *baissant les yeux.* – Louka, tu diras à l'écurie qu'on ne donne pas du tout d'avoine à Toby aujourd'hui.

RIDEAU